Addition and Subtraction Workbook Math Essentials
Children's Arithmetic Books

Copyright 2016

All Rights reserved. No part of this book may be reproduced or used in any way or form or by any means whether electronic or mechanical, this means that you cannot record or photocopy any material ideas or tips that are provided in this book

Addition Exercise No.: 1
Name:_____ Score: _____

```
   46          30          22
+  76       +  28       +  21
 ____        ____        ____


   40          60          76
+  17       +  24       +  10
 ____        ____        ____
```

Addition Exercise No.: 2

Name:_____ Score: _____

```
   57          61          23
 + 16        + 65        + 26
 ____        ____        ____


   19          79          35
 + 28        + 28        + 57
 ____        ____        ____
```

Addition Exercise No.: 3
Name:_____ Score: _____

```
   59            12            25
 + 72          + 62          + 26
 ─────         ─────         ─────
 [   ]         [   ]         [   ]


   44            83            63
 + 89          + 57          + 58
 ─────         ─────         ─────
 [   ]         [   ]         [   ]
```

Addition Exercise No.: 4
Name:_____ Score: _____

```
   60          22          17
 + 12        + 70        + 20
 ─────       ─────       ─────


   33          64          86
 + 13        + 42        + 91
 ─────       ─────       ─────
```

Addition Exercise No.: 5

Name:_____ Score: _____

```
   86          28          74
 + 64        + 97        + 18
 ----        ----        ----
 [   ]       [   ]       [   ]


   18          88          74
 + 58        + 86        + 36
 ----        ----        ----
 [   ]       [   ]       [   ]
```

Addition Exercise No.: 6
Name:_____ Score: _____

```
   66          39          79
+  39       +  54       +  68
 ____        ____        ____


   46          86          50
+  17       +  86       +  21
 ____        ____        ____
```

Addition Exercise No.: 7
Name:_____ Score: _____

```
   55          13          40
 + 49        + 97        + 42
 ─────      ─────       ─────
 [    ]      [    ]      [    ]


   14          21          59
 + 10        + 94        + 84
 ─────      ─────       ─────
 [    ]      [    ]      [    ]
```

Addition Exercise No.: 8

Name:_____ Score:_____

```
   95          97          22
+  13       +  10       +  46
  ____        ____        ____

   97          92          53
+  24       +  39       +  39
  ____        ____        ____
```

Addition Exercise No.: 9
Name:_____ Score: _____

$$64 + 21 =$$

$$43 + 45 =$$

$$55 + 85 =$$

$$85 + 29 =$$

$$41 + 67 =$$

$$36 + 37 =$$

Addition Exercise No.: 10

Name:_____ Score: _____

```
   81          13          23
 + 93        + 48        + 65
 ----        ----        ----
 [  ]        [  ]        [  ]


   49          60          22
 + 54        + 69        + 28
 ----        ----        ----
 [  ]        [  ]        [  ]
```

Addition Exercise No.: 11

Name:_____ Score: _____

```
   23            46            35
+  24         +  27         +  27
-----         -----         -----
[    ]        [    ]        [    ]


   41            34            40
+  46         +  61         +  65
-----         -----         -----
[    ]        [    ]        [    ]
```

Addition Exercise No.: 12

Name:_____ Score:_____

```
   71          62          47
 + 80        + 55        + 68
 ----        ----        ----
 [  ]        [  ]        [  ]


   49          61          74
 + 94        + 72        + 90
 ----        ----        ----
 [  ]        [  ]        [  ]
```

Addition Exercise No.: 13
Name:_____ Score:_____

```
   57         67         73
+  34      +  18      +  89
 ____       ____       ____
[    ]     [    ]     [    ]


   98         19         11
+  40      +  55      +  62
 ____       ____       ____
[    ]     [    ]     [    ]
```

Addition Exercise No.: 14

Name:_____ Score: _____

```
   24         41         87
 + 83       + 30       + 62
 ────       ────       ────
 [  ]       [  ]       [  ]


   18         74         82
 + 51       + 18       + 30
 ────       ────       ────
 [  ]       [  ]       [  ]
```

Addition Exercise No.: 15

Name:_____ Score: _____

```
   37          89          27
+  97       +  96       +  21
 ____        ____        ____
[    ]      [    ]      [    ]


   71          54          71
+  18       +  37       +  56
 ____        ____        ____
[    ]      [    ]      [    ]
```

Addition Exercise No.: 16
Name:_____ Score: _____

```
   71          60          44
 + 90        + 44        + 28
 ----        ----        ----
 [   ]       [   ]       [   ]


   62          20          53
 + 13        + 46        + 50
 ----        ----        ----
 [   ]       [   ]       [   ]
```

Addition Exercise No.: 17

Name: _____ Score: _____

```
   81          48          89
 + 53        + 99        + 86
 -----       -----       -----


   37          83          68
 + 76        + 44        + 51
 -----       -----       -----
```

Addition Exercise No.: 18

Name:_____ Score: _____

```
    66           35           46
+   10       +   12       +   37
_____      _____      _____
[    ]       [    ]       [    ]


    64           76           32
+   11       +   19       +   19
_____      _____      _____
[    ]       [    ]       [    ]
```

Subtraction Exercise No.: 1

Name:_____ Score: _____

```
   76          120          116
 - 41         - 67         - 95
 ─────       ─────        ─────
 [   ]       [   ]        [   ]


  103          93          158
 - 80         - 81         - 58
 ─────       ─────        ─────
 [   ]       [   ]        [   ]
```

Subtraction Exercise No.: 2

Name:_____ Score:_____

$$\begin{array}{r}79\\-25\\\hline\end{array}\qquad\begin{array}{r}120\\-47\\\hline\end{array}\qquad\begin{array}{r}125\\-76\\\hline\end{array}$$

$$\begin{array}{r}107\\-92\\\hline\end{array}\qquad\begin{array}{r}149\\-57\\\hline\end{array}\qquad\begin{array}{r}76\\-29\\\hline\end{array}$$

Subtraction Exercise No.: 3

Name:_____ Score: _____

```
   154          171           28
 -  70        -  96         -  10
 ─────        ─────         ─────
 [   ]        [   ]         [   ]


    79          175          125
 -  55        -  95         -  70
 ─────        ─────         ─────
 [   ]        [   ]         [   ]
```

Subtraction Exercise No.: 4

Name: _____   Score: _____

$$156 - 85 =$$

$$94 - 50 =$$

$$120 - 67 =$$

$$114 - 93 =$$

$$31 - 11 =$$

$$90 - 19 =$$

Subtraction Exercise No.: 5

Name:_____ Score: _____

```
   37          160          124
 - 26        -  67        -  59
 ----        -----        -----
 [   ]       [   ]        [   ]


   35          106          142
 - 16        -  68        -  44
 ----        -----        -----
 [   ]       [   ]        [   ]
```

Subtraction Exercise No.: 6

Name:_____ Score:_____

```
   65          107          129
 - 31        -  44        -  77
 ____        _____        _____


  137          153           37
 - 59        -  64        -  25
 ____        _____        _____
```

Subtraction Exercise No.: 7

Name:_____ Score:_____

```
   52          154           74
 - 15         - 96         - 21
 ─────        ─────        ─────


  115          117          117
 - 40         - 38         - 18
 ─────        ─────        ─────
```

Subtraction Exercise No.: 8

Name:_____ Score:_____

```
   63          129          70
 - 22        -  83        - 31
 ____        _____        ____
 [  ]        [   ]        [  ]


  105          141         119
 - 66        -  71        - 82
 ____        _____        ____
 [  ]        [   ]        [  ]
```

Subtraction Exercise No.: 9

Name:_____ Score: _____

```
    80         116         153
  - 63       -  65       -  53
  ─────      ─────       ─────
  [   ]      [   ]       [   ]


   136         101          48
  - 73       -  40       -  32
  ─────      ─────       ─────
  [   ]      [   ]       [   ]
```

Subtraction Exercise No.: 10

Name:_____ Score:_____

```
   96        144        172
 - 52      -  86      -  83
 ____      _____      _____


  163        153        153
 - 97      -  91      -  80
 ____      _____      _____
```

Subtraction Exercise No.: 11

Name:_____ Score:_____

```
  100        129        134
-  83      -  59      -  91
 ____       ____       ____


  135        196        125
-  39      -  97      -  51
 ____       ____       ____
```

Subtraction Exercise No.: 12

Name: _____ Score: _____

```
  118         137          35
-  95       -  95        - 19
 ____        ____         ____


  141          66          78
-  60        - 42        - 20
 ____        ____         ____
```

Subtraction Exercise No.: 13

Name:_____ Score: _____

```
   60          66         127
 - 25        - 42        - 81
 ─────      ─────       ─────
 [   ]      [   ]       [   ]


  102         130          62
 - 80        - 39        - 28
 ─────      ─────       ─────
 [   ]      [   ]       [   ]
```

Subtraction Exercise No.: 14

Name:_____ Score: _____

```
    80          29         152
  - 33        - 15        - 98
  ----        ----        ----
  [   ]       [   ]       [   ]


   137         155         152
  - 70        - 65        - 56
  ----        ----        ----
  [   ]       [   ]       [   ]
```

Subtraction Exercise No.: 15

Name:_____ Score:_____

```
   90          86         101
 - 73        - 76       -  79
 ----        ----       -----
 [  ]        [  ]        [  ]


   88          64         132
 - 42        - 30       -  80
 ----        ----       -----
 [  ]        [  ]        [  ]
```

ANSWERS

76 − 41 **35**	120 − 67 **53**	116 − 95 **21**	156 − 85 **71**	94 − 50 **44**	120 − 67 **53**	52 − 15 **37**	154 − 96 **58**	74 − 21 **53**
103 − 80 **23**	93 − 81 **12**	158 − 58 **100**	114 − 93 **21**	31 − 11 **20**	90 − 19 **71**	115 − 40 **75**	117 − 38 **79**	117 − 18 **99**
79 − 25 **54**	120 − 47 **73**	125 − 76 **49**	37 − 26 **11**	160 − 67 **93**	124 − 59 **65**	63 − 22 **41**	129 − 83 **46**	70 − 31 **39**
107 − 92 **15**	149 − 57 **92**	76 − 29 **47**	35 − 16 **19**	106 − 68 **38**	142 − 44 **98**	105 − 66 **39**	141 − 71 **70**	119 − 82 **37**
154 − 70 **84**	171 − 96 **75**	28 − 10 **18**	65 − 31 **34**	107 − 44 **63**	129 − 77 **52**	80 − 63 **17**	116 − 65 **51**	153 − 53 **100**
79 − 55 **24**	175 − 95 **80**	125 − 70 **55**	137 − 59 **78**	153 − 64 **89**	37 − 25 **12**	136 − 73 **63**	101 − 40 **61**	48 − 32 **16**

ANSWERS

96 - 52 **44**	144 - 86 **58**	172 - 83 **89**	60 - 25 **35**	66 - 42 **24**	127 - 81 **46**	159 - 70 **89**	104 - 47 **57**	79 - 15 **64**
163 - 97 **66**	153 - 91 **62**	153 - 80 **73**	102 - 80 **22**	130 - 39 **91**	62 - 28 **34**	89 - 31 **58**	113 - 43 **70**	104 - 82 **22**
100 - 83 **17**	129 - 59 **70**	134 - 91 **43**	80 - 33 **47**	29 - 15 **14**	152 - 98 **54**	104 - 50 **54**	171 - 92 **79**	152 - 90 **62**
135 - 39 **96**	196 - 97 **99**	125 - 51 **74**	137 - 70 **67**	155 - 65 **90**	152 - 56 **96**	134 - 58 **76**	102 - 81 **21**	130 - 89 **41**
118 - 95 **23**	137 - 95 **42**	35 - 19 **16**	90 - 73 **17**	86 - 76 **10**	101 - 79 **22**	66 + 10 **76**	35 + 12 **47**	46 + 37 **83**
141 - 60 **81**	66 - 42 **24**	78 - 20 **58**	88 - 42 **46**	64 - 30 **34**	132 - 80 **52**	64 + 11 **75**	76 + 19 **95**	32 + 19 **51**

ANSWERS

76 − 41 **35**	120 − 67 **53**	116 − 95 **21**	156 − 85 **71**	94 − 50 **44**	120 − 67 **53**	52 − 15 **37**	154 − 96 **58**	74 − 21 **53**
103 − 80 **23**	93 − 81 **12**	158 − 58 **100**	114 − 93 **21**	31 − 11 **20**	90 − 19 **71**	115 − 40 **75**	117 − 38 **79**	117 − 18 **99**
79 − 25 **54**	120 − 47 **73**	125 − 76 **49**	37 − 26 **11**	160 − 67 **93**	124 − 59 **65**	63 − 22 **41**	129 − 83 **46**	70 − 31 **39**
107 − 92 **15**	149 − 57 **92**	76 − 29 **47**	35 − 16 **19**	106 − 68 **38**	142 − 44 **98**	105 − 66 **39**	141 − 71 **70**	119 − 82 **37**
154 − 70 **84**	171 − 96 **75**	28 − 10 **18**	65 − 31 **34**	107 − 44 **63**	129 − 77 **52**	80 − 63 **17**	116 − 65 **51**	153 − 53 **100**
79 − 55 **24**	175 − 95 **80**	125 − 70 **55**	137 − 59 **78**	153 − 64 **89**	37 − 25 **12**	136 − 73 **63**	101 − 40 **61**	48 − 32 **16**

ANSWERS

96 - 52 **44**	144 - 86 **58**	172 - 83 **89**	60 - 25 **35**	66 - 42 **24**	127 - 81 **46**
163 - 97 **66**	153 - 91 **62**	153 - 80 **73**	102 - 80 **22**	130 - 39 **91**	62 - 28 **34**
100 - 83 **17**	129 - 59 **70**	134 - 91 **43**	80 - 33 **47**	29 - 15 **14**	152 - 98 **54**
135 - 39 **96**	196 - 97 **99**	125 - 51 **74**	137 - 70 **67**	155 - 65 **90**	152 - 56 **96**
118 - 95 **23**	137 - 95 **42**	35 - 19 **16**	90 - 73 **17**	86 - 76 **10**	101 - 79 **22**
141 - 60 **81**	66 - 42 **24**	78 - 20 **58**	88 - 42 **46**	64 - 30 **34**	132 - 80 **52**

www.ingramcontent.com/pod-product-compliance
Lightning Source LLC
LaVergne TN
LVHW061321060426
835507LV00019B/2250